Uwe Wolff/Jürgen Hohmuth
Labyrinthe

Uwe Wolff

Labyrinthe

Pilgerwege der Seele

mit Fotografien von Jürgen Hohmuth

Kreuz

Ariadne und ihren Schwestern gewidmet

Inhalt

Die Botschaft des Labyrinthes

Labyrinthe sind Eingangstore zu neuen Lebensabschnitten. Sie begleiten uns auf dem Weg zur Mitte. Die Labyrinthe meiner Kindheit waren der Wald, die Kornfelder, die Straßen der Stadt und jene kleinen Geduldspiele, die man in eine Handfläche legen konnte. Der Apotheker schenkte sie mir, wenn ich für Oma Selma die monatliche Bestellung »Pillen« abholte. Unter dem durchsichtigen Plastikdeckel befand sich ein Gewirr von Gängen, durch das eine Kugel oder eine kleine Maus zur Mitte geführt werden musste. Auch meine Großmutter hatte viel Freude an diesen kleinen Labyrinthen. Mit ihnen zusammen wurde sie so alt wie der Heilige Antonius und starb im Alter von 104 Jahren.

Labyrinthe schenken Lebenskraft. Die modernen Labyrinthe gibt es als Taschen- und Handbalancierspiele oder als Balancierbretter. In Kindergärten und Grundschulen, in den Wartezimmern der Kinderärzte, bei Ergo- und Bewegungstherapeuten gehören Labyrinthspiele zur Grundausstattung. Sie beruhigen, helfen bei der Problemlösung und Stressbewältigung, trainieren die Koordination von rechter und linker Gehirnhälfte, schulen die Wahrnehmung oder machen einfach Spaß.

Labyrinthe sind uralte Symbole der Selbstfindung. Wir sehen sie auf Felsen geritzt, als Schutzzeichen vor Häusern, als Rasenlabyrinthe und Fußbodenmosaike oder als große Spielplätze in Feldern aus Sonnenblumen oder Mais. In Städten wie Nürnberg oder Zürich errichten Frauen neue Labyrinthe, um in ihnen das Geheimnis des Lebens zu feiern. Denn Labyrinthe begleiten uns bei der Suche nach der eigenen Mitte. Alles kann zum Labyrinth werden: Liebe und Elternbeziehung, Schule und Beruf, die Politik und die Gesetzgebung, der Verlust der Arbeit und die neue Stelle. Überall droht Verlust der Mitte. Der Drogenabhängige fühlt sich wie in einem Labyrinth, der an Alzheimer Erkrankte taucht hinab in das Labyrinth des Vergessens. Und gleichen nicht die Windungen des Gehirns der Wegführung im Labyrinth? Doch wohin uns der Lebensweg auch führen wird, das Labyrinth verbreitet immer eine positive Grundstimmung. Seine spirituelle Botschaft lautet:

Was immer kommt –
Du kannst auf deinem Lebensweg nicht verloren gehen!
Du wirst die Mitte finden und
am Ende werden sich die verschlungenen Pfade
deines Lebens als sinnvolle Muster enthüllen!

Die einmaligen Fotografien von Jürgen Hohmuth machen diesen Moment einer beglückenden Selbsterfahrung zum ersten Mal für unsere Augen sichtbar. Mit Hilfe eines Zeppelins zeigt Jürgen Hohmuth klassische und moderne Labyrinthe aus einer völlig neuen Perspektive. Plötzlich blicken wir durch. Der geheime Plan des Lebens enthüllt sich, Staunen und Bewunderung erfüllen uns.

Der Bauplan des Labyrinthes ist denkbar einfach. Es hat einen Eingang und einen Weg, der in zahlreichen Windungen zu einer Mitte führt. Man kann es schnell durchlaufen, ohne unterwegs etwas erfahren zu haben. Dann ist der Weg durch das Labyrinth nicht mehr als eine Freizeitbeschäftigung oder ein sportiver Akt. Wer aber den Weg mit spirituellem Spürsinn durchschreitet, wer sich bewusst und mit wacher Seele ins Labyrinth begibt, dem wird es zum Ort der Selbstbegegnung und Selbstfindung.
Die Wegführung im Labyrinth vermeidet den direkten Zugang zur Mitte bewusst. Sie führt uns über Umwege zum Ziel. Dabei stellen sich Gefühle ein: freudige Erwartung, Enttäuschung, Ungeduld, Zorn – wir erfahren uns selbst. Auf dem Weg zur Mitte offenbart sich die eigene Natur. Wer Erfahrungen machen will, muss bereit sein, Umwege zu gehen. Diese Umwege können Krankheiten, Lebens- oder Sinnkrisen, Rückschläge oder Zweifel sein. Im Spiegel des Labyrinthes gewinnen sie einen neuen Sinn. Das Labyrinth ist auch eine Schule der Langsamkeit. Je mehr Umwege wir gehen, desto intensiver wird unsere Erfahrung. Jeder Wendepunkt im Labyrinth des Lebens schenkt eine neue Blickrichtung auf das Geheimnis der Mitte. Wer sich auf den Weg begibt, wird erfahren: Die Welt ist wunderbar im Ganzen. Auf die Grundordnung der Dinge ist Verlass, und am Ende kommt jeder Mensch trotz aller Irrungen und Wirrungen ans Ziel.

Uwe Wolff

Haus Sonnenschein

Über Zuschriften freuen wir uns.

Uwe Wolff unter:
www.engelforscher.de
Jürgen Hohmuth unter:
www.zeitort.de

Der Lebensweg

Das Labyrinth lädt zum Eintritt ein:
Erkenne dich selbst!
Doch wer bin ich?
Und wo beginnt mein Lebensweg?
Mit der Geburt? Mit der Zeugung?
Folgt mein Leben einem Plan?
Wird es durch Umwelt, Erziehung und Zeitgeist geformt?

Was ist der Mensch?
Wir wissen es nicht.
Aber wir werden es herausfinden,
wenn wir uns auf den Weg der Selbsterkenntnis begeben.

Wer das Labyrinth des Lebens betritt, hat sich für den eigenen Weg entschieden. Er ist offen für neue Erfahrungen. Er verlässt die vertraute Welt. Sein Weg ist nicht ungefährlich, aber er will die Wahrheit seines Lebens erfahren. Er will auf den Grund der Dinge schauen und nicht vom Gerede leben.

Du hast das Labyrinth betreten,
und plötzlich geht dir ein Licht auf.
Du erkennst:
Diesen Weg kann keiner für mich gehen.
Es ist mein Weg,
meine Wahrheit,
meine Aufgabe,
mein Ziel.

Das Labyrinth schenkt dir Zeit:
Zeit für eine Rückschau,
Zeit der Nachdenklichkeit,
Zeit der Selbsterkenntnis.
Du blickst in den Spiegel deiner Seele.
Vielleicht sind dies Tage des Schmerzes,
des Selbstzweifels, Tage der Trauer –
aber es sind zugleich Tage des Erwachens.
In ihnen liegt die Kraft
der Wandlung und Erneuerung deines Lebens
und du erkennst:
Ich muss nicht so bleiben, wie ich bin.
Ich kann umkehren und einen neuen Weg beschreiten.
Ich kann mein Leben ändern.

Im Labyrinth sind geheimnisvolle Kräfte
der Wandlung verborgen.
Das Labyrinth ist ein Weg
der Neugeburt mitten im Leben.
An seinem Eingang
stehen Aufmunterungen:
Vertraue dir selbst,
du weißt mehr als du denkst!
Vertraue dir selbst,
du kannst dein Leben ändern!
Vertraue dir selbst,
du wirst den Weg finden!

Umwege führen zum Ziel

Nicht der gerade Weg bringt dich weiter.
Umwege führen zum Ziel!
Krankheiten, Krisen, Rückschläge, Zweifel –
in ihnen wirst du Wachstumskräfte finden.
Deshalb entdecke das kostbare Geschenk der Langsamkeit!
Das Labyrinth will in Geduld durchschritten werden.
Je mehr Umwege du gehst,
desto intensiver wirst du den Raum deines Herzens erfahren.
Und jeder Wendepunkt im Labyrinth deines Lebens
wird dir eine neue Blickrichtung auf das Geheimnis
der Mitte schenken.

Der Weg durch das Labyrinth des Lebens führt immer wieder zu Wendepunkten. Wendepunkte sind kostbare Momente im Lebenslauf. Sie haben uns geprägt. In ihnen wurden wir zu dem, was wir sind. Wendepunkte sind Augenblicke höchster Verdichtung des Lebens. Es wird eng. Der Herzschlag steigt. Der Atem geht schneller. Etwas Neues will in unser Leben eintreten.

Wendepunkte zwingen uns zur Umkehr, aber sie schenken auch eine bisher unbekannte Perspektive. Wendepunkte sind heilige Momente. Bei unserem Gang durch das Labyrinth halten wir für einen Augenblick inne. Es ist, als würde die Zeit für einen Sekundenbruchteil angehalten. Die Uhr des Lebens scheint stillzustehen.

Und plötzlich geschieht das Wunderbare: Eine Eingebung, ein Durchblick, ein Augenblick aus Ewigkeit. Wir blicken durch, erkennen in kurzem Aufleuchten das, worauf es wirklich ankommt. Wir werden erleuchtet.

Dieses Licht kann schmerzhaft sein. Was uns an den Wendepunkten des Lebens begegnet, ist nicht allein das Gute, Schöne und Erhabene, es kann auch zugleich das Erschütternde, Schreckliche, Dunkle sein, die Erkenntnis unserer Schuld oder die Mitteilung, dass eine Krankheit unheilbar ist. Im Licht der Selbsterkenntnis werden auch unsere Schatten sichtbar.

Wendepunkte im Lebenslauf können sein:

Unterbrechung des Alltags
Ausstieg aus dem Gewohnten
Stimmen der Stille
Der neue Blick in das Gesicht des Geliebten
Sehnsucht nach Wahrheit
Suche nach Selbsterkenntnis
Annahme des Schattens
Entdeckung verborgener Talente
Freisetzung von Kreativität
Schöpferische Entfaltung
Entdeckung des »roten Fadens« im eigenen Leben
Antwort auf die Frage: Wozu bin ich auf der Welt?
Erfahrung der Grenze
Heilung von körperlichen oder seelischen Leiden
Annahme des Unheilbaren in Seele und Körper

Der Weg ins Labyrinth ist ein Weg der Wahrheit und Wahrhaftigkeit. Deshalb soll sich der Labyrinthgänger nichts vormachen: Es wird kein Spaziergang und kein Spiel werden. Das wahre Ich im Spiegel zu erkennen, kann fürchterlich sein. Menschen können darüber zusammenbrechen, aber auch eine Stufe höherer Gelassenheit und Heiterkeit erreichen.

In jedem Lebenslauf gibt es einen verborgenen »roten Faden«. Der Plan enthüllt sich schrittweise.
Jeder Lebensweg hat Hindernisse und Wendepunkte.
Wir können auf dem Lebensweg nicht verloren gehen.
Der Weg gehört zum Ziel. Mal sind wir der Mitte ganz nahe, dann entfernen wir uns wieder von ihr, doch am Ende erreicht jeder Mensch das Ziel. Du gehst nicht allein.
Jeder Mensch befindet sich an einer anderen Stelle auf dem Lebensweg. Jeder folgt seinem eigenen Lebensrhythmus.
Jeder hat seine eigenen Fragen und Probleme auf dem Weg.
Manchmal dauert der Weg länger als geplant.
Jeder Wendepunkt schenkt einen Perspektivenwechsel.
Umwege führen zum Ziel.

Wir wissen nicht, wann wir das Ziel erreichen werden.
Oft kommen wir plötzlich und unerwartet ans Ziel.
Es kann hinter jeder Wegbiegung liegen.
Nutze den Tag und die Stunde!
Vor dir war bereits jemand in der Mitte.
Du kannst in der Mitte nicht auf Dauer bleiben.
Wo der Weg anfängt, da endet er auch.
Der Anfang ist das Ende, das Ende der Anfang.

Das Labyrinth ist ein Spiegel der Seele.
Wer es betritt, den schrecken die Schatten.
Wer es durchschreitet, erkennt das Vergängliche.
Wer in seiner Mitte verweilt, erfährt das Unvergängliche.
Wer wieder ans Licht tritt, ruht in Gelassenheit.

»Wir sehen jetzt durch einen Spiegel
ein dunkles Bild;
dann aber von Angesicht zu Angesicht.
Jetzt erkenn ich stückweise;
dann aber werde ich erkennen,
wie ich erkannt bin.«

Paulus an die Korinther

Die heilige Mitte

»Erkenne Dich selbst!«

Das Orakel von Delphi

Voller Zuversicht haben wir uns auf den Weg begeben. Noch hatten wir keine Ahnung von den Schwierigkeiten, die uns auf dem Weg zur Mitte begegnen würden. Je weiter wir voranschritten, desto mehr blickten wir durch. Doch stellten sich auch neue Fragen ein. Vielleicht lautet die wichtigste Frage auf dem Weg zur Mitte:

Ist mein Leben ein Labyrinth oder ein Irrgarten?

Von der Antwort hängt viel ab, denn Labyrinthe und Irrgärten unterscheiden sich nach Bauplan und Botschaft. Durch den Irrgarten führen viele Wege. Im Labyrinth gibt es nur einen Weg. Im Irrgarten müssen wir den richtigen Weg suchen. Wir können in die Irre gehen, auf die falsche Bahn geraten, der Welt verloren gehen. Im Irrgarten gibt es Sackgassen. Der Weg durch das Labyrinth dagegen führt immer zur Mitte. Im Irrgarten regiert das Prinzip Zufall. Irrgärten haben eine besondere Bauweise. Die Wege sind durch hohe Mauern, Zäune, Hecken oder Spiegelglas begrenzt. Der Besucher blickt nicht durch. Auf seinem Gang sieht er die Mitte nicht. Plötzlich kann sie auftauchen. Unverhofft findet sich der Besucher aber auch am Ausgangsort wieder.

Auf dem Weg zur Mitte stellen sich Fragen ein:

Wer bin ich?
Wo komme ich her?
Wo stehe ich?
Wo gehe ich hin?
Wer möchte ich sein?
Wer hat mich bisher geleitet?
Wer führt mich heute?
Wer wird mich begleiten?

Im Labyrinth kannst du dich nicht verlaufen.
Du hast die Mitte immer vor Augen.
Im Schreiten durchmisst du den ganzen Raum,
erlebst, wie du dich der Mitte immer wieder annäherst
und dich von ihr entfernst.
Das ist der Rhythmus deines Lebens,
wie Einatmen und Ausatmen.
Sei ohne Sorge:
Im Labyrinth des Lebens kannst du nicht verloren gehen.
Bleib auf dem Weg, und du wirst die Mitte finden!

Labyrinthe sind Energiezentren, hier herrscht eine besondere Strahlung. Sie lässt sich messen. Erdstrahlen sind nachweisbar. Doch was wir auf dem Weg zur Mitte erfahren, ist nicht messbar. Es gehört zum Geheimnis unserer innersten Erfahrung. Wer aber blickt in die Mitte unseres Lebens? Wir selbst müssen Worte oder Symbole finden. Das Labyrinth hilft uns dabei, denn es stellt die Kraft der Mitte durch verschiedene Symbole dar. Dazu gehört der Kreis der Vollkommenheit. Der Kreis kann bilderlos sein, weil sich das Geheimnis des Lebens nicht in Worte fassen lässt. Wie im Zen-Buddhismus steht er dann für die Leere, in der sich zugleich die Fülle des Lebens verbirgt. In der Mitte kann sich aber auch ein Bild befinden: vielleicht ein Blatt oder ein Baum. Sie erinnern an das Paradies, den Ort der Geburt und Wiedergeburt.
Das Paradies war wie ein kreisförmiges Gartenlabyrinth angelegt. Das persische Wort »Paradies« bezeichnet den umfriedeten Garten. In der Mitte des Gartens befanden sich zwei Bäume: Der Baum des Lebens und der Baum der Erkenntnis des Guten und des Bösen. Sie symbolisieren die Lebenskraft (Natur) und die Kraft der Unterscheidung (Moral). Ohne diese beiden Energien bleibt jede Suche nach Selbsterkenntnis unvollkommen. Die Mitte des Paradieses ist also das energetische Zentrum der gesamten Anlage. Zwischen den beiden Bäumen entsprang eine Quelle. Sie teilte sich in vier Arme und bildete dabei die Form eines Kreuzes. Jedes Kreuz besteht aus zwei Linien: Eine verläuft horizontal, die andere vertikal. Die eine symbolisiert die Kraft der Erde, die andere die Kraft des Himmels. Die eine steht für das Sichtbare, die andere für das Unsichtbare. In der Mitte des Kreuzes aber treffen beide Energiefelder zu

einer vollkommenen Einheit zusammen. Das Kreuz ist die geometrische Grundform, von der jede Konstruktion eines Labyrinthes ausgeht.
Von der Außenwelt geschützt war das Paradies durch eine Befestigung, vielleicht aus Hecken, vielleicht aus Mauern. Es ist nicht überliefert. Wie bei jedem Labyrinth gab es nur einen Eingang, der zugleich der Ausgang war. Er wurde durch einen Cherub, einen sechsflügeligen Engel, bewacht.

> »Ein Labyrinth ist der zuweilen magische Schutz eines Mittelpunktes.«
>
> Mircea Eliade

Häuser, Wohnungen und das eigene Zimmer sind Orte der Zuflucht. Hier sind wir ganz bei uns. Hier ist unsere Mitte. Fremde haben keinen Zutritt. Aus dem Orient stammt der Brauch, das Labyrinth als Schutz für den Wohnort von Menschen zu verwenden. Es soll den Mittelpunkt unseres Lebens schützen und fremde Blicke abwehren.
Die Inder nennen das Labyrinth »Chakra« (»Kreis«). Es gehört ausschließlich in Frauenhand. Vor dem Hauseingang wird ein etwa ein Quadratmeter großer Raum mit dem Besen gereinigt und mit Wasser besprengt. Anschließend lässt die Hausfrau weißes Pulver oder auch Mehl durch die Hand gleiten und zieht ohne abzusetzen die Linien des Labyrinthes. Das Ritual wird vor Sonnenaufgang vollzogen und jeden Morgen während des Unglücksmonats Margali von Mitte Dezember bis Mitte Januar wiederholt.
Weit verbreitet sind in Indien auch Tätowiermuster in Labyrinthform. Sie werden mit Henna auf Arme oder Schultern gezeichnet. Labyrinthamulette sollen die Geburt für Mutter und Kind erleichtern. Das Labyrinth steht in Beziehung zu den sieben Chakren und dem Uterus, aus dem das Kind bei der Geburt seinen Weg finden muss. Ein zeitgenössisches indisches Geburtsritual empfiehlt: Man nehme einen Teller aus Bronze und zeichne auf seine Fläche ein Sieben-Gänge-Labyrinth aus Safran, das mit Wasser aus dem heiligen Fluss Ganges befeuchtet wurde. Anschließend fülle man die gesamte Fläche des Tellers mit Gangeswasser, vermische es mit dem Labyrinth und gebe es der Gebärenden zu trinken, so werden die Schmerzen nachlassen und die Geburt bald eintreten.
In der westlichen Welt hatte sich die Vorstellung, der Mutterleib sei ähnlich wie ein Labyrinth aufgebaut und der

Fötus müsse bei der Geburt sieben Gänge durchgleiten, bis in die Zeit Leonardo da Vincis (1452-1519) erhalten. In einer anatomischen Studie zeichnete der Künstler eine Koitusposition im Längsschnitt. Der Uterus ist dabei in sieben Räume aufgeteilt. Wie heute noch in Indien, so war auch im Westen das Labyrinth über Jahrhunderte ein Frauensymbol. In den Megalithgräbern Westeuropas sind zahlreiche Labyrinthe neben Schlangenspiralen, Sonnen, Lebensbäumen oder -säulen als Symbole der Lebenserneuerung und der Hoffnung auf Wiedergeburt zu finden. Die Leben erzeugende Vulva ist durch Dreiecke oder Rhomben dargestellt. Im Grab von Knowth in Irland (3500 v. Chr.) bildet die Vulva das Zentrum des Labyrinthes. Auch zum Orakel von Delphi gehörte eine dunkle Erdspalte, die tief hinab in den Mutterschoß der Erde führte. Der Name »Delphi« weist bereits auf die Verbindung des Ortes zur Muttergottheit hin, denn »delphys« bedeutet »Mutterschoß«. Wie das Labyrinth in die verborgenen Innenräume des Herzens, so führte die Erdspalte von Delphi in den Schoß der Mutter Erde.

Im Hinduismus ist das Labyrinth Ausdruck des Schutzes des innersten Kerns des Menschen. Dieser wird Atman genannt und ist identisch mit dem Absoluten, dem Brahman. Das Atman wird durch den Atem erfahren. In der Meditation kann der Mensch lernen, zu diesem Wesenskern vorzudringen und sich über die Erfahrung mit der Weltseele zu vereinigen. In Indien gibt es zahlreiche Steinsetzungen in Labyrinthform, ähnlich den skandinavischen Trojaburgen, die von Yogis als Meditationshilfe benutzt werden.

Die Hopi-Indianer nannten das Labyrinth »Mutter Erde«. In ihrem Siedlungsgebiet zwischen dem Colorado River und dem Rio Grande verbreitete es sich auch unter anderen

Stämmen. Bei den Pima-Indianern ist es als »Haus des Tcuhu« noch heute sehr beliebt. Sie erzählen dazu folgende Geschichte: In der Urzeit wohnte das Volk der Pima noch im Schoß der Mutter Erde. Dann kam die Stunde der Geburt. Mutter Erde suchte einen Geburtshelfer. Häuptling Tcuhu bot sich an, in ihren Dienst zu treten. Er verwandelte sich in die Gestalt eines Erdhörnchens, grub einen spiralförmigen Gang in die Mutter Erde und führte das Volk der Pima hinaus ins Licht des Tages. Zur Erinnerung an den Geburtstag des Volkes zeichnete Häuptling Tcuhu ein Labyrinth. Er gab ihm den Namen »Mutter Erde«. Die Hopi-Indianer nennen es »Tápu'at«, das bedeutet »Mutter und Kind«. Für sie bildet das Labyrinth einen heiligen Raum. Es ist ein Symbol für den Uterus. Sie sagen: Wenn ein Mensch krank wird oder seelische Probleme hat, wenn er traurig ist und am Sinn des Lebens zweifelt, dann soll er sich an die Mutter Erde wenden. Sie wird ihrem Kind helfen.
So ist das Labyrinth ein Ort der Heilung.
Als Häuptling Tcuhu einst von einer Übermacht weißer Männer verfolgt wurde, suchte er nach einem Zufluchtsort, an dem er sich vor seinen Feinden verstecken konnte. Er rief die Mutter Erde an. Da fand er den Eingang zu einem Labyrinth, schlüpfte hinein und versteckte sich dort, bis die Gefahr vorüber war.

Das Ziel des Weges ist die Mitte.
Doch in der Mitte des Labyrinthes
ist kein Bleiben auf Dauer.
Die Mitte können wir nicht haben.
Sie ist nicht unser Besitz.
Die Mitte ist
das Energiezentrum des Lebens,
der Garten Eden,
die Lebenskraft,
der Himmel auf Erden,
der Atem der Welt,
das lebendige Sein.
Ihr Wesen ist Beständigkeit in ewiger Wandlung.
Leben aus der Mitte heißt:
Leben aus der Kraft der Erneuerung.

Der Weg beginnt mit dem Loslassen.
Er mündet in Gelassenheit.
Gelassenheit heißt Leben aus der Mitte.

Das kretische Labyrinth

Des Menschen Engel ist die Zeit.
Sie heilt Wunden:
Kleine Hautabschürfungen auf dem Knie des Kindes,
große Verletzungen der Seele.
Die Zeit heilt Wunden:
Doch nicht alle, die das Leben schlug.
Vielleicht blieb eine offene Wunde, eine Narbe, eine Schuld.

Du hast den Teppich deines Lebens nicht geknüpft.
Du wurdest nicht gefragt, ob du geboren werden willst.
Du hast deinen Charakter nicht gewählt,
hast deine Lebensmelodie nicht komponiert.
Du kannst den Zeitpunkt
deines natürlichen Todes nicht bestimmen.
Der Gang ins Labyrinth
aber wird dich mit deinem Schicksal versöhnen.

Wer tiefer ins innerste Geheimnis
des Labyrinthes vordringt,
braucht Mut, Vertrauen und
Glauben an sich selbst.

Bereits im vierten Jahrhundert vor der christlichen Zeitrechnung wurden auf der Insel Kreta Silbermünzen mit dem Labyrinthsymbol geprägt. Sie zeigen sieben Umgänge. Die ältesten Labyrinthdarstellungen sind das jedoch nicht. Schon in der Bronzezeit haben unbekannte Künstlerinnen oder Künstler verschlungene Pfade in Felsen geritzt. Niemand weiß, warum sie dies taten. Auch der Ursprung des ersten Irrgartens verliert sich im Dunkel der Geschichte. Als Bauherr gilt König Minos von Kreta. Architekt soll der berühmte Daedalus gewesen sein. Der Irrgarten von Kreta war alles andere als ein Ort der Selbstfindung: König Minos hatte ihn als Gefängnis für seinen ungeliebten Stiefsohn erdacht. Das uneheliche Kind war die Frucht einer ungewöhnlichen Leidenschaft, in die die Königin zu einem Stier entbrannt war. Gewiss war es kein echter Stier. Ein männlicher Liebhaber wie ein Stier – das wird es wohl gewesen sein, was der alte Mythos in bildhafter Sprache erzählt. So ungewöhnlich wie der Geliebte war auch die Frucht seiner Lenden: Jeder konnte in dem Sohn den Vater erkennen. Er war der lebendige Beweis des Fehltritts. Er musste weg, so dachte König Minos. Das Kind trug den Namen Minotauros. Es hatte den Körper eines Menschen und das mächtige Haupt eines Stieres (griechisch: »tauros«).

Verschlungen wie der Weg im Labyrinth, so sind zuweilen auch die Schicksalslinien, denn König Minos hatte im Krieg mit den Griechen einen leiblichen Sohn verloren. Für seinen Tod forderte er ein Sühnopfer. So mussten die Griechen jedes Jahr sieben Jünglinge und sieben Jungfrauen nach Kreta schicken. König Minos sperrte sie in den Irrgarten ein, wo sie vom Minotauros gefressen wurden.
Das ging so weiter, bis eines Tages ein junger Mann mit Namen Theseus auftrat. Mit sieben jungen Frauen und sechs jungen Männern begab er sich auf die gefährliche Reise nach Kreta. Unterwegs suchte er eines der bedeutendsten spirituellen Zentren der griechischen Welt auf. Es ist jenes Orakel von Delphi, über dessen Eingang die berühmten Worte zu lesen sind:

»Erkenne dich selbst!«

In dieser Stätte der Weissagung wird auch die Urmutter Gaia verehrt. Sie symbolisiert die Kraft der Mutter Erde. Um das spirituelle Zentrum herum stehen heilige Ölbäume. Theseus bricht nach altem Brauch einen Zweig, umwindet ihn mit weißer Wolle und legt ihn als Opfergabe auf dem Altar nieder. Dann spricht das Orakel zu ihm. Die Botschaft lautet:

»Wähle die Liebe zu deiner Führerin!«

So sticht er mit seinen Gefährten in See. Auf Kreta angekommen, wird er wie seine Vorgänger in den Irrgarten gesperrt. Zwar überlebt er die Begegnung mit dem Minotauros, doch hätte er aus dem Gewirr der Irrgänge niemals wieder herausgefunden, wenn ihm nicht eine junge Frau geholfen hätte. Sie reichte ihm beim Eintritt in den Irrgarten einen langen roten Wollfaden. Ihrem Rat folgend, band Theseus das eine Ende am Eingangstor fest und fand so wieder aus den Tiefen der Irrgänge heraus.

Je näher du der Mitte kommst,
desto unruhiger wird deine Seele.
Warum zögerst du?
Ist es die Sorge,
die Kräfte könnten nicht reichen?
Das Gefühl,
du habest dich übernommen?
Die Angst
vor der Begegnung mit deinem Spiegelbild?

Kehre nicht um!
Du gehst deinen Weg nicht allein.
Jemand kennt den roten Faden deines Lebens
und hält ihn sicher in der Hand.

»Im Labyrinth verliert man sich nicht.
Im Labyrinth findet man sich.
Im Labyrinth begegnet man nicht dem Minotauros.
Im Labyrinth begegnet man sich selbst.«

Hermann Kern

Die Frau, die Theseus auf seinem gefährlichen Weg durch den Irrgarten zur Seite steht, heißt Ariadne. Sie ist die Tochter des Königs Minos und denkt selbst an eine Flucht. Auf einer Insel unterbrechen sie die Fahrt und feiern ihre Befreiung mit einem ausgelassenen Fest und einem Kreistanz. Dann trennen sich die beiden. Über den Grund dieser Trennung ist viel gerätselt worden. Das Abenteuer hatte sie verbunden. Die Tage des Festes waren ein Rausch. Kam dann der Kater? Erkaltete ihre Liebe? Trieben Stürme das Schiff von der Insel? Vielleicht gab es einen spirituellen Grund für ihr Auseinandergehen? Die Schicksalswege von Theseus und Ariadne hatten sich auf Kreta gekreuzt. Beide standen vor dem Ort des Schreckens, der Stätte verworrener Beziehung und tragischer Schicksalslinien. Für eine gewisse Zeit wurde Ariadne zu seiner spirituellen Führerin. Gewiss wird Liebe mit im Spiel gewesen sein, nicht anders hatte es das Orakel von Delphi gewollt. Durch ihren Dienst reifte Ariadne zur Seelenführerin. Sie weihte Theseus in die dunklen Tiefen des Lebens ein, sie lehrte ihn, vor den Schattenmächten nicht in die Knie zu gehen. In dieser Initiation lag der Sinn ihrer Begegnung. Der Irrgarten hatte sich für beide in ein Labyrinth gewandelt. So ging jeder seinen eigenen Weg.

Ob es den berühmten Irrgarten wirklich gegeben hat, darüber gehen die Meinungen auseinander. 1882 setzte der deutsche Archäologe Maximilian Meyer den Palast von Knossos mit dem Labyrinth von Kreta gleich. »Labrys« lautete angeblich die Bezeichnung für die große Halle der Doppeläxte. Auch Sir Arthur Evans, der den Palast von Knossos Anfang des 19. Jahrhunderts ausgrub, wollte das griechische »Labyrinthos« mit dem lydischen Wort »Labrys« gleichsetzen. In den langen und gewundenen Gängen, der Abfolge der Vorratskammern mit ihren Sackgassen sah er das historische Urbild des kretischen Labyrinthes. Das geheimnisvolle Symbol der Doppelaxt ist auch auf dem Labyrinth von Chartres zu sehen.

Wie lange werde ich noch unterwegs sein?
Wann werde ich die Mitte erreicht haben?
Woher nehme ich Kraft, Geduld und Ausdauer?
Ist der Weg jedes Opfer wert?
Wo ist die Grenze zwischen Selbstfindung und Egoismus?

Alles fließt, alles wandelt sich.
Wir stehen vor dem Tor einer neuen Zeit.
Die Tür öffnet sich. Wir treten ein.
Ist es ein Irrgarten oder ein Labyrinth?
Was erwartet uns?
Wen erwarten wir?
Wer wird uns führen?
Wo ist der Ariadnefaden?
Wir wissen es nicht.
Wir müssen zuvor den Weg wagen.

Tanz des Lebens

»Theseus tanzte den Labyrinthtanz zuerst,
indem er mit den geretteten Kindern
um den Altar von Delos herum
den Ausgang aus dem Labyrinth
nachahmte.«

Pollux

Labyrinthtänze sind spirituelle Übungswege. Es gibt zwei Grundstellungen: Tänzer und Tänzerinnen nehmen sich an der Hand oder sind mit einem Taschentuch oder durch ein Seil miteinander verbunden. Dieses Seil symbolisiert den Ariadnefaden. Die Schrittfolge bildet das vorsichtige Schreiten des Labyrinthgängers ab: drei Schritte nach vorn, zwei auf der Stelle, einer zurück. Oder: drei Schritte vorwärts, zwei zurück. Der Rückschritt verweist auf die Verzögerungen und Umwege, die uns auf dem Weg zur Mitte erwarten.

Dieser Tanz wird auch Kranichtanz oder Geranos genannt, weil die Schrittfolge an das Schreiten der Kraniche während der Balzzeit erinnert. Die Bewohner der Insel Delos führen ihn am liebsten in der Nacht beim Schein von Fackeln auf. Es geht dabei um das Licht, das die Dunkelheiten des Lebens erhellt. Im Tanz wiederholt sich die Tiefenerfahrung, die Theseus und Ariadne einst machten. Der Labyrinthtanz ist ein Ritual, ein Wegweiser zur spirituellen Erfahrung. Rituale bestehen wie die Schrittfolge eines Tanzes aus bewusst festgelegten Abläufen. Nur wer sich an sie hält, wer sich mit Leib und Seele auf sie einlässt und im Rhythmus bleibt, der wird auch die Kraft der Mitte spüren. Der Vortänzer erreicht sie als Erster. Ihm folgen die anderen, wiederholen seine Erfahrung von Tod und Neugeburt. Im Labyrinthtanz wird das Leben gefeiert. Er ist ein Ritual der Erneuerung und der Neugeburt.

Im Tanz erfährst du das Mysterium von Tod und Auferstehung.
Spüre dem Rhythmus nach – er wird zu deiner inneren Bewegung:
Der Weg geht nach links – dort liegen Alter, Sterben und Tod.
Der Weg geht nach rechts – hier liegen Geburt, Wachstum und Aufblühen.
Die Wegführung umkreist in großen Bögen die Mitte.
Folge ihr mit allen Sinnen und schwinge dich ein.
Erkenne das Geheimnis der Mitte aus wechselnden Blickrichtungen.
Die Mitte gibt ihr Geheimnis stufenweise preis, bis du erkennst:
Die Mitte bin ich selbst!

Dann hat eine Verwandlung stattgefunden:
Du hast deine Mitte gefunden.
Du lebst aus ihr.
Du wirst in dir selbst ruhen.

Jedes Kind hat seine unverwechselbare
Lebensmelodie,
jeder Mensch folgt seinem eigenen Weg
und sucht seine Bestimmung.
Wir sind auf geheimnisvolle Weise frei
und gebunden zugleich.

Uralte Labyrinthtanzplätze finden sich vor allen Dingen in Schweden. Sie wurden aus jenen schönen Steinen gelegt, die überall zu Tausenden auf den Feldern und in den Wäldern zu finden sind. Der Durchmesser dieser Feldsteinlabyrinthe beträgt zwischen sieben und 18 Metern. Die Zahl der Umgänge schwankt zwischen sieben und 15. Einige dieser Feldsteinlabyrinthe wurden in Küstennähe oder auf Inseln errichtet und dienten möglicherweise als Seezeichen. Von diesen alten Labyrinthen haben sich heute noch auf Island drei, in Finnland 141, in Norwegen 20, in Schweden etwa 300 und an der Ostseeküste Russlands und am Weißen Meer rund 60 erhalten.
Nach einem alten Tanzspiel werden die Steinkreise auch Trojaburgen genannt. Auf die frühere Existenz einer Trojaburg verweist auch der Städtename Trelleborg. Er war im frühmittelalterlichen Dänemark und in Südschweden 31 Mal zu finden. In England heißen diese Feldsteinlabyrinthe Troy-Town, The Walls of Troy, Troy's Walls und in Wales nennt man sie Caerdroia.

Viele Feldsteinlabyrinthe liegen neben Grabanlagen aus der Bronzezeit. Hier wurden Tänze zu Ehren der Verstorbenen veranstaltet. Dabei symbolisierte das Labyrinth das Totenreich. Der Tanz der Lebenden im Steinkreis sollte der Seele auf ihrer Reise durch die Unterwelt ein sicheres Geleit geben. Tanzen war mit magischen Vorstellungen verbunden. So durchschritten Fischer die Steinkreise in der Absicht, das Wetter zu beeinflussen, den Fang zu erhöhen oder sich selbst gegen die Gefahren auf See zu schützen. Wenn draußen auf hoher See die Stürme tobten, dann gingen die Fischersfrauen zu den Steinkreisen und versuchten durch ein Tanzritual ihren Männern zu helfen.
Auch auf andere Weise sollte die richtige Art des Gehens oder Tanzens im Labyrinth den Menschen Glück bringen. In Lappland suchte man sich durch das Labyrinth gegen den Vielfraß zu schützen, in Island gilt das Labyrinth als Tierfalle, in Südschweden dient es der Abwehr von Wölfen und Gnomen, aber auch dem Schutz vor Geisteskrankheit. Frauen gaben ihr Wissen von Geburt, den Zyklen des Lebens und des Todes in Labyrinthritualen weiter. Die magische Kraft des Tanzes wurde auch mit der bekannten Geschichte vom Einsturz der Mauern der Labyrinthstadt Jericho in Verbindung gebracht.

Getanzt wurde aber vor allen Dingen, um die Kräfte des Lichtes, des Lebens und der Liebe zu beschwören. Nördlich des Polarkreises herrscht während des gesamten Winters Dunkelheit. Umso intensiver wird das Wiederauftauchen der Sonne aus der langen Nacht erlebt. Im Fruchtbarkeitstanz wird der Frühling gefeiert, die Erlösung der Sonnenjungfrau aus dem Labyrinth des Winterdrachens. Jungfrauentanz lautet einer der zahlreichen Namen für das Labyrinth. Ein Tanzspiel aus dem schwedischen Fischerdorf Skären heißt »Haus der Trolle«. Die Trolle haben ein Mädchen entführt und halten es in der Mitte des Labyrinthes gefangen. Nun muss es von den Tänzern befreit werden. Auch in dem Spiel »Grimborgs Braut« geht es um die Befreiung der Geliebten aus den Fängen einer bösen Macht.

Der Weg ins Labyrinth ist eine mystische Einweihung in das
Geheimnis des Lebens. Sein Ziel ist die Mitte.
Wer seine Heilkraft erfahren will, der muss den
Eintritt wagen. Dann spürt er: Der Atem geht langsamer,
die Seele findet ihre innere Balance.

Rasenlabyrinthe

Die Uhr deines Lebens
läuft unaufhaltsam weiter.
Wer schenkt dir Momente
der angehaltenen Zeit?

Ausgehend von Kreta verbreitete sich das Labyrinth in zwei Richtungen um die Erde: Der östliche Weg ging über Afghanistan, Pakistan, Indien, Nepal nach Amerika. Der westliche Weg reichte über den griechischen Kulturraum nach Skandinavien, die britischen Inseln, Irland, Island und die Küsten des Eismeeres. Er brachte die Rasenlabyrinthe hervor. Sie entstehen durch das Ausstechen der Gänge mit dem Spaten. Rasenlabyrinthe bedürfen der Pflege. Die Wegbegrenzung muss regelmäßig geschnitten und die Kanten müssen abgestochen werden, damit die Anlage nicht zuwächst. In der Mitte des Labyrinthes befand sich gelegentlich ein Baum. Er symbolisierte den Lebensbaum.

Der Gang ins Labyrinth unterbricht den Alltag.
Du gewinnst einen neuen Blick.
Du siehst dein Leben aus der Distanz,
gewinnst Abstand und Überblick,
gewinnst Einblicke,
erkennst das Webmuster deines Lebens.

Die Erfahrung der Mitte will verarbeitet werden.
Das braucht Zeit.
Wir kehren in den Alltag zurück.
Die Mitte will in die Welt treten,
in und unter uns leben.

Auf dem Rückweg wirst du zum Lichtträger.
Durch dich wird das Licht der Liebe in die Welt gebracht.
Das Leben gewinnt eine neue Gestalt,
die Welt wird neu geboren.

Alles Sichtbare verweist
auf das Unsichtbare,
alles Sichtbare ist Symbol
der geistigen Welt.

Botschaften aus der Mitte:
Lass dich fallen, und du wirst gehalten!
Verschenke deinen Besitz,
und alles wird dir gehören!
Geh über Schlangen,
und du wirst dich sicher fühlen!
Träume, und du wirst wach sein!
Glaube, und du wirst wissen!
Stirb und werde!

In Deutschland haben sich vier echte alte Rasenlabyrinthe erhalten: der »Schwedenring« in Steigra bei Nebra an der Unstrut, der »Schwedenhieb« in Graitschen, ein Rasenlabyrinth in Kaufbeuren, in dem alljährlich das »Tänzelfest« gefeiert wird, und das »Rad« im Stadtwald von Hannover, der Eilenriede, ganz in der Nähe des Zoos. Es lag bis 1928 nahe am Waldrand der Bödekerstraße und musste aus verkehrstechnischen Gründen weichen. Weiter im Waldinneren wurde es neu errichtet.

Das »Rad« in der Eilenriede mit seinen zwei Eingängen wird in der Stadtchronik des Jahres 1642 zum ersten Mal anlässlich des Besuches von Herzog Friedrich von Holstein und Herzogin Sophia Amalia von Braunschweig und Lüneburg erwähnt. Herzog Christian Ludwig hatte sich für das Brautpaar eine besondere Überraschung ausgedacht: Für zwei Tage zog die Gesellschaft in die Eilenriede und wohnte dort in Zelten. Höhepunkt aber war der Brautlauf der Fürstlichkeiten im Labyrinth. Braut und Bräutigam liefen voran, gefolgt vom Gastgeber und einer Kammerjungfer. Jünglinge und ihre Verlobten folgten dem Brauch der Fürstlichkeiten und vergnügten sich im Labyrinth.

Auch das vorchristliche Frühlingsfest der Befreiung der Sonnenfrau aus dem Rachen des Winterdrachen wurde in den deutschen Rasenlabyrinthen gefeiert und mit der Legende vom Ritter Georg verknüpft. Deshalb sind viele Rasenlabyrinthe in der Nähe von Georgskirchen errichtet worden. Rasenlabyrinthe waren auch der Ort, an dem die Handwerkergilden ihre Feste feierten. So tanzten die Schuster in der »Windelbahn« von Stolp in Pommern den »Kiebitzschritt«, der mit der Schrittfolge des kretischen Kranichtanzes verwandt ist.

Kirchenlabyrinthe

Der Wunsch, etwas zu besitzen, ist tief in uns verankert. Wir schmücken unser Zimmer mit Bildern, sammeln CDs mit der Musik, die uns in Schwingung versetzt. Wir halten Urlaubseindrücke auf Fotos oder Filmen fest. Wir sammeln alte Briefe. Wir richten uns ein, bauen ein Haus, gestalten einen Garten. Die Welt soll Heimat werden.
Doch gibt es Lebensphasen, da uns das Angesammelte zu ersticken droht. Wir räumen auf, sortieren, entscheiden uns für das Wesentliche und trennen uns vom unwesentlich Gewordenen. Der Gang ins Labyrinth beginnt mit solchen Aufräumphasen. Zuerst wenden wir uns der äußeren, sichtbaren Welt der Dinge zu. Doch auch das Haus unserer Seele will entrümpelt werden. Wir spüren doch: Auch hier müssen wir uns von allem Ballast trennen, wenn wir das Wesentliche finden wollen.

Eines Tages
wird auch in dir die Stimme erklingen,
die sagt:
Ich brauche das alles nicht.
Es ist unwesentlich.
Es bringt mich nicht weiter.
Es belastet mich nur.
Dann sei zum Aufbruch bereit.

Du hast dich auf den Weg zur Mitte begeben.
Nun öffnet sich der Raum der Stille.
Wer tiefer in ihn eindringen möchte,
muss lernen, ihn auszuhalten.

Neues Leben keimt in deiner Seele.
Du spürst es.
Doch bis die Pflanze in ganzer Fülle aufblüht,
werden Jahre vergehen.
Geduld ist nötig und Gelassenheit.
Kehre jetzt nicht um!
Bleibe auf dem Weg!

In der Kathedrale von Amiens waren wir fast allein. Von irgendwoher erklang mittelalterliche Musik. Vorher hatten wir Chartres besucht. Dort war das Fußbodenlabyrinth im Mittelschiff mit Stühlen zugestellt. Hier lag es in voller Größe vor uns. Rasch hatten es die Kinder betreten und schritten durch die Gänge. Bald verteilten sich Johannes, Hannah und Jaakob über die ganze Fläche. In gleichmäßigen Schwingungen, mal nach rechts, dann nach links schreitend, umkreisten sie die Mitte wie Planeten die Sonne.
So entstand vor meinen Augen das Bild eines pulsierenden Universums. Es dehnte sich aus und zog sich wieder zusammen. Ja, es schien gleichmäßig zu atmen, und ich spürte, wie sich mein Atem seinem Rhythmus anglich. Beim nächsten Gang durchschritten wir gemeinsam das Labyrinth. Hannah bewegte sich tanzend, Jaakob schloss die Augen und ließ sich von Johannes führen, Eleonora stand mit geschlossenen Augen in der Mitte. Ich folgte allen in ruhiger Schrittfolge.

Die Bilder des Sommers zogen an meinem inneren Auge vorbei: die gewaltigen Granitsteine von Carnac, der Zauberwald, wo König Artus und die Ritter der Tafelrunde lebten und liebten, wo Parzival den Gral und Gawan das Abenteuer suchten und wo der Zauberer Merlin begraben wurde. Ich sah den Engel golden leuchten über dem Mont-St.-Michel, schaute die gestickten Bilder auf dem Teppich von Bayeux und durchschritt im Geist das Elternhaus der Heiligen Therese von Lisieux. Im Labyrinth von Amiens war alles aufgehoben.

Der Gang ins Labyrinth
enthüllt das Geheimnis von Raum und Zeit.
Eine unsichtbare Wirklichkeit hinter den sichtbaren Dingen
leuchtet auf.
Wer das Labyrinth bewusst durchschreitet,
der ist für kurze Zeit im Himmel.
Die Zeit im Labyrinth ist Himmelszeit.
Um sie zu erfahren,
müssen wir den Weg nach Innen gehen.
Er ist ein Weg der Achtsamkeit.

Das achteckige Labyrinth von Amiens ist eine Rekonstruktion aus dem 19. Jahrhundert. Das ursprüngliche Labyrinth aus dem Jahr 1288 lag an der gleichen Stelle im Mittelschiff unter dem vierten und fünften Joch. Der Durchmesser betrug etwa zwölf Meter. Im Zentrum des Labyrinthes befindet sich damals wie heute ein Kreuz, über dessen Enden vier kleine Engel schweben. Sie sind himmlische Wegbegleiter für jene, die den Hin- und Rückweg des Labyrinthes wagen.

Wer hat die wunderbaren Kirchenlabyrinthe entworfen?
Wir kennen die Namen der Baumeister nicht.
Sie traten hinter ihr Werk zurück.
Wussten sie doch:
Nicht sie haben es geschaffen.
Es nahm in ihnen Gestalt an.

MAISTRE ROBERT ESTOIT NOMES
ET DE LUSARCHES SURNOMES
MAISTRE THOMAS FU APRES LUY
DE CORMONT ET APRES CESTUY
QUI FU FIZ PHALIPPE LE SAGE
EVRART EVESQUES BENAIS
ET ROY DE FRANCE LOEYS

Das Labyrinth von Chartres hat fast jeder schon einmal im Original, auf einem Foto oder in einer der zahlreichen Nachbauten gesehen. Doch wer kennt seine geheimnisvolle Symbolik?

Der Weg zur Mitte windet sich durch elf Gänge. Er durchläuft dabei vier Quadrate, 28 Wendepunkte von 180 Grad und sechs Wendepunkte im Winkel von 90 Grad. Die Mitte besteht aus sechs Blütenblättern. Der Rand des kreisförmigen Labyrinthes hat die Form eines Zahnrades mit 113 Zähnen. Jede Einzelheit im Labyrinth von Chartres hat ihre spirituelle Bedeutung. Das gilt für die Bewegungsrichtungen (links oder rechts) und für die Zahlen vier, sechs, sieben (Quersumme aus 34, der Zahl der Wendepunkte) und elf.

Der Weg zur Mitte beginnt links. Das ist kein Zufall. Zur Linken liegt die Welt des Schattens, zur Rechten die des Lichts. Weil beide Welten zu unserem Leben gehören, wechselt die Bewegungsrichtung im Labyrinth ständig. Wir gehen hinein und haben das Gefühl, gleich in der Mitte zu sein. Der Weg verläuft zuerst direkt auf sie zu. Dann aber schwenkt er nach links, macht im ersten Quadranten eine Wende um 180 Grad nach rechts und führt nach einer Linksbiegung wieder direkt auf die Mitte. Eigentlich wären wir am Ziel, wenn uns nicht eine kleine schwarze Linie von ihr trennte.
Die Wege werden länger, umkreisen aber noch eng die Mitte. Unsere Blickrichtung ändert sich dabei. Wir wechseln die Perspektive. Drei Mal werden wir direkt an die Mitte geführt, dann aber geht der Weg immer weiter nach außen. Zuerst führt uns die Bewegung zur Mitte, doch je

GASTHOF
OPEL

weiter wir schreiten, desto mehr entfernen wir uns vom Ziel, bis wir am Ende wieder im Außenkreis angekommen sind. Scheinbar laufen wir auf den Ausgang zu. Doch plötzlich geht es über einen letzten Wendepunkt direkt in die Mitte. Wir sind angekommen, schließen die Augen und atmen durch.

Wie oft warst du nach kurzer Anstrengung dem Ziel ganz nahe
und musstest doch noch viele Umwege gehen?
Der Weg bleibt weit,
doch wirst du eines Tages die Mitte erreichen.

Die Zahl Vier

Aus vier Buchstaben ist das hebräische Wort für Mensch (»Adam«) gebildet. Deshalb taucht die Vier auch im Labyrinth auf. Ein Kreuz teilt den Kreis in vier Hälften. Die Zahl Vier steht für die Erde und den Menschen. Zur Erde gehören die vier Jahreszeiten Frühling, Sommer, Herbst und Winter, die vier Elemente Wasser, Erde, Luft und Feuer und die vier Windrichtungen Osten, Süden, Westen und Norden. Der Garten in Eden hatte vier Flüsse: Euphrat und Tigris, Gihon und Pishon.
Zum Menschen gehören die vier Kardinaltugenden (Tapferkeit, Gerechtigkeit, Besonnenheit und Klugheit), die vier großen Propheten (Jesaja, Jeremia, Ezechiel, Daniel) und die vier Evangelisten (Matthäus, Markus, Lukas und Johannes).

Im Bauplan der Natur
zeigt sich ein ordnender Geist.
Wir sind kein Produkt des Zufalls.

Die Zahl Sechs

Die sechs Blütenblätter der Rose stehen für das Reich der Engel, der Mineralien, der Pflanzen, der Sterne und der Tiere. Dem Menschen ist das sechste Blütenblatt zugeordnet. In der Sechs vereinigen sich die Gegensätze von göttlicher Drei (Vater, Sohn, Heiliger Geist) und menschlicher Drei (Körper, Geist, Seele).

Wer die Mitte erreicht, wird neu geboren.
Worin besteht die Neugeburt?
Es ist die Erkenntnis:
Ich bin nicht allein.
Ich habe meinen Ort im Webmuster der Schöpfung.
Ich bin geborgen im mütterlichen Schoß Gottes.

Die Zahl Sieben

Im Labyrinth von Chartres gibt es 34 Wendepunkte. Sie bilden den Raum, in dem wir uns auf dem Weg zur Mitte bewegen. Bildet man die Quersumme aus 34 (3 + 4), erscheint die Sieben. Sieben Tage hat die Woche, sieben Patriarchen zählt das Alte Testament, sieben Strophen hat der berühmte Hymnus des Hrabanus Maurus »Veni creator spiritus«. Beliebte Siebenerreihen sind: Die sieben Bitten des Vaterunser, die sieben Lebensphasen Christi und die sieben Sakramente. Die Sieben verweist auf die sieben freien Künste: Arithmetik, Geometrie, Musik und Astronomie, Dialektik, Rhetorik und Grammatik. Nach antiker und mittelalterlicher Zählung betrug auch die Zahl der Planeten sieben: Erde, Mond, Merkur, Venus, Sonne, Mars, Jupiter und Saturn. Die Sieben ist aber auch die Zahl der Tugenden und der Laster.

Im Ringen mit Licht und Schatten
sucht deine Seele ihre wahre Gestalt.

Die Zahl Elf

Sie steht in der Mitte zwischen den Zahlen Zehn und Zwölf. Beide symbolisieren Vollkommenheit. Jakob hatte zwölf Söhne, Jesus zwölf Jünger. Johannes schaute das himmlische Jerusalem mit seinen zwölf Toren. Die Himmelsleiter des Heiligen Benedikt hat zwölf Sprossen. In zwölf Stunden durchschreitet der Zeiger einmal den Kreis des Zifferblattes. Wie keine zweite Zahl kommt die Elf der Zwölf nahe, doch fehlt ihr etwas zur Vollkommenheit. Als Judas den Herrn verriet, brach der Kreis der zwölf Jünger auseinander. Die Elf ist daher zugleich die Zahl der Erwählten und die Zahl des Mangels. Die Elf bedarf der Ergänzung und Vollendung. Sie steht für den Weg des Menschen durch die Welt, und sie verweist zugleich über die Welt hinaus
auf die Mitte. Erst wenn die Mitte und der Weg zusammenfallen, entsteht wieder die Zwölf. Die Elf ist das Unvollendete in unserem Leben.

Du hast die Mitte erreicht.
Doch wie bewegst du dich zurück?
Verliere jetzt nicht die Achtsamkeit.
Schreite nicht über die Gänge hinweg.
Der Rückweg ist Teil des Weges zur Mitte.
Jetzt kennst du die Wegführung und die Wendepunkte.
Das Leben wird durchsichtig,
das Grundmuster tritt deutlicher hervor.
Du fängst an, im Buch deines Lebens zu lesen.

Über Jahrhunderte war der Ostertanz durch das Labyrinth ein beliebtes Ritual. Es half, die Kraft der spirituellen Neugeburt zu erfahren. In der Osternacht zogen Kleriker und Laien durch das Labyrinth.
Bei einem anderen Ritual bewegten sie sich tanzend und singend um das Labyrinth herum. Einzelne Personen schritten währenddessen durch die Gänge auf die Mitte zu. Dabei warfen sie den Tanzenden einen Ball zu. Dieser Ball symbolisierte das Himmelslicht, das als Sonne der Erneuerung in jedem Herzen leuchtet. Das Ritual des Ostertanzes wurde mit einem gemeinsamen Festmahl beschlossen.

Lauren Artress verbrachte ihre Kindheit am Chagrin River in Ohio. In der freien Natur beobachtete sie mit immer neuer Begeisterung die Rhythmen der Natur. Eines Tages wurde ihre Aufmerksamkeit von einem Fischschwarm gebannt, den sie von einer Klippe aus gut sehen konnte. Die silberne Haut der Fische spiegelte das Sonnenlicht. Der Schwarm bewegte sich in einer Ordnung. Bald erkannte Lauren auch das Muster, dem er folgte: ein Rechteck, dann wendete sich der Schwarm in blitzschneller Wendung um 180 Grad und schwamm in die entgegengesetzte Richtung zurück. Plötzlich löste sich die Formation. Die Fische bildeten einen Kreis und schwammen um ein unsichtbares Zentrum, bis sie ihre Ordnung wieder auflösten. Lauren Artress hatte kein Wort für das, was sie gesehen hatte. Doch erlebte sie den Tanz der Fische als Offenbarung eines tiefen verborgenen Sinns in der Schöpfung, einer heiligen Geometrie.
Jahre später – sie war inzwischen Pastorin an der Grace Cathedral in San Francisco – entdeckte sie das Labyrinth

von Chartres. Die Bewegung im Labyrinth erinnerte sie an den Tanz der Fische, den sie in ihrer Kindheit beobachtet hatte. In San Francisco ließ Lauren Artress das Labyrinth von Chartres gleich dreifach nachbauen: als Fußbodenlabyrinth aus Terrazzo vor der Grace Cathedral, aus Segeltuch und als Teppich für das Kirchenschiff. Besucher der Kirche werden dazu ermuntert, ihre Erfahrungen mit dem Labyrinth aufzuschreiben.
Ein hochbetagtes Ehepaar durchwandelt es am Tag der goldenen Hochzeit voller Gefühl der Dankbarkeit für den gemeinsamen Lebensweg. Eine Hochschwangere wandelt ruhig durch die Gänge. Das gleichmäßige Schreiten wirkt beruhigend auf das Ungeborene und bereitet die Mutter mental auf die Geburt vor. Eine Frauengruppe geht Hand in Hand durchs Labyrinth. Es sind Krebspatientinnen. Das Labyrinth hilft ihnen, die psychosomatischen Folgen der Chemotherapie zu ertragen. Eine alte Dame setzt, am Krückstock gehend, Fuß vor Fuß. Ein Therapeut kriecht auf allen Vieren. Ein Kind lässt sich mit geschlossenen Augen von seinem Vater durch das Labyrinth führen. In der Mitte angelangt, öffnet es die Augen und fällt seinem Vater in die Arme. Eine junge Frau geht barfuß durch das Labyrinth und hält betend auf ihrem Weg zur Mitte inne. Vor kurzem hat sie ein Waisenkind adoptiert, ein Baby. Bei der ersten Untersuchung stellte sich heraus, dass das kleine Mädchen ein Loch in der Herzwand hat. Ihr Weg zu innerem Frieden ist das ruhige Schreiten im Labyrinth. Es hilft, die Gedanken zu konzentrieren, beruhigt den Atem und führt in den innersten Herzensraum.

Mitteilen heißt teilen.
Wer sich mitteilt, steht zu seiner inneren Biografie.
Wer sich mitteilt, gibt Erfahrungen frei.
Wer sich mitteilt, löst sich aus der Schattenwelt.
Wer sich mitteilt, geht den Weg der Erlösung.
Wer sich mitteilt, verwandelt die Welt.
Mitteilen heißt, die Weisheit aus der Mitte teilen.

Moderne Labyrinthbauten

Plötzlich war die Sehnsucht nach einem kleinen Paradies erwacht. Horst Bechtloff zögerte nicht. Der Rechtsanwalt aus Senden im Münsterland kaufte sich im Jahr 1995 einen Bauernhof in Billerbeck. Der Hof war alt und sanierungsbedürftig. Hier wollte er mit seiner neuen Freundin, Katzen, Schafen und Graugänsen einziehen. Es sollte ein Ort der Liebe und der Sinnlichkeit werden, sein Garten Eden. Doch es kam anders. Kaum waren die Kredite bewilligt und das Anwesen gekauft, ging die Beziehung in die Brüche. So hatte sich Horst Bechtloff den Anfang seines neuen Lebens nicht vorgestellt. Er zog alleine auf den Hof und begann ihn zu bewirtschaften. In einer Nacht hatte er einen Traum von langen Wegen, Irrwegen und Sackgassen. Als er erwachte, wusste er, wie er im kommenden Jahr die sechs Hektar großen Felder seines Anwesens nutzen würde. Bechtloff säte Sonnenblumen aus und legte ein Labyrinth an. Das Sieben-Gänge-Labyrinth hatte eine Weglänge von rund zwei Kilometern. In der Mitte, mit einem Durchmesser von etwa zehn Metern, befand sich eine Oase der Stille.

Ich sitze in Bechtloffs Cafégarten, lese die Eintragungen in dem Buch der Labyrinthgänger und lasse meine Gedanken schweifen. Ein kurzer Moment der Entrückung. Erinnerungen an die Kindheit im Münsterland. Siggi aus dem Nachbarhaus und der Geruch junger Mädchenblüte in den Roggenfeldern. Aus dem Labyrinth dringen begeisterte Stimmen. Dann stehen zwei Frauen mit leuchtenden Augen vor mir: die leichten Sommerkleider hoch geschürzt, die Beine bis zu den Oberschenkeln voller Schlammspritzer. Ihre Kinder sind bis zu den Haarspitzen eingesaut mit Matsch. Labyrinthe unter freiem Himmel haben eine eigene Sinn-

lichkeit. Der verregnete Sommer hat dem Boden gut getan. Die Sonnenblumen sind auf mehr als zwei Meter Höhe gewachsen. Wer durch die Gänge geht, fühlt sich wie im Dschungel. Doch haben die vielen Besucher den aufgeweichten Boden in einen Schlammpfad verwandelt, in dem die Füße einige Zentimeter versinken. Man könnte sie mit Stroh oder Rindenmulch abdecken, aber das ist nicht gewollt. Dieses Labyrinth lässt keine Zeit für achtsame Innenschau. Ein unaufmerksamer Blick, und der Labyrinthgänger liegt im Matsch. Unter den Füßen gibt der Boden glucksende Geräusche von sich, und die Luftblasen entweichen mit einem lauten Windhauch aus dem Bauch der Mutter Erde. »Matsche« heißt auf Masematte, dem münsterländer Platt, »Mottke«.

»Es war ganz toll im Labyrinth«, schrieb ein Kind ins Gästebuch. »Die Mottke hat gefurzt.« Die beiden Labyrinthgängerinnen spritzen sich die Mottke mit einem Schlauch von den Beinen. Der Weg zur Mitte sei nicht immer eindeutig zu finden gewesen, berichten sie, denn aus der ursprünglichen Anlage ist im Lauf des Sommers ein Irrgarten geworden. Viele Wege führen vom Hauptweg ab. Das Tagebuch, in dem die Besucher ihre Erlebnisse festhalten, nennt auch Gründe. Gelegentlich kommt es vor, dass der Labyrinthgänger in der Unübersichtlichkeit von einem Gefühl der Enge überfallen wird. Dann fühlt er sich bedroht, eingesperrt und versucht, über eine Abkürzung den Weg aus dem Labyrinth zu finden. So entstehen Seitenwege. Auch die kleinen Sackgassen sind nicht von Horst Bechtloff angelegt worden. Über ihren Ursprung wird im Buch der Labyrinthgänger freizügig berichtet: »Wir kamen vom Weg ab, verloren uns im Feld. Es war berauschend!«

»Wüsstest du,
was in der fernsten Ferne
Hilfe bringend, Hilfe suchend
deiner und deiner Arbeit wartet!«

Karl Foerster

Als Robert Runcie in das Amt des Erzbischofs von Canterbury eingeführt wurde, verglich er in seiner Predigt (25. März 1980) den Lebensweg des Menschen mit einem Gang durch das Labyrinth. Der Erzbischof sagte:
»Ich träumte von einem Labyrinth. Da gab es Leute nahe der Mitte, aber sie fanden nicht hinein. Am Rand des Labyrinthes standen andere. Sie waren weiter weg vom Herz des Labyrinthes, aber sie gelangten leichter und schneller zur Mitte als die Gruppe derer, die sich drinnen herumärgerten.«

Der Labyrinthbauer Adrian Fisher las die Predigt und schrieb dem Erzbischof einen Brief. So entstand die Idee, ein Fußbodenlabyrinth zu bauen. Ein geeigneter Ort war in Grey's Court bei Henley-on-Thames schnell gefunden, denn Lady Brunner, die Besitzerin des Anwesens, hatte zu den Teilnehmern des Gottesdienstes gehört und sich unmittelbar von den Worten des Erzbischofs angesprochen gefühlt. Das Sieben-Gänge-Labyrinth von Grey's Court hat in der Mitte ein Kreuz, in dem ost- und westkirchliche Traditionen zu einer Einheit verschmelzen. Den Labyrinthgänger begleiten Verse von Julia von Norwich, Robert Gittings und Aurelius Augustin auf seinem Weg zur Mitte. Erzbischof Runcie persönlich eröffnete das Labyrinth.

Mit dem Lächeln der Kinder kehrt das verlorene Paradies zurück.

Auf dem Labyrinthplatz in Zürich gibt es ein Begrüßungsritual für Neugeborene. Mütter und Väter tragen ihre Säuglinge durch den Weg eines Vier-Gänge-Labyrinthes zur Mitte. Die Wegbegrenzung des Züricher Labyrinthes ist mit Stauden und Sträuchern bepflanzt worden. Ihre Blütenpracht symbolisiert den Garten Eden, ein wieder gefundenes Paradies inmitten der Stadt.

Die Mitte des Labyrinthes ist ein Symbol für den Ursprung und das Ziel des Lebens. Noch werden die Kinder auf den Händen ihrer Eltern zu dieser Quelle der Liebe getragen. Eltern wissen: Auf jedem Lebensweg droht ein Verlust der Mitte durch Zerstreuung, Ablenkung vom Wesentlichen, durch die Flut der Bilder und Reize, durch Oberflächlichkeit, Geschäftigkeit, Entscheidungsschwäche, Überforderung. Sie wünschen, dass sich ihren kleinen Kindern das Symbol der Mitte bleibend einprägt und ihnen in Krisenzeiten eine Orientierung schenkt. Der Weg zur Mitte lädt immer wieder neu dazu ein, das Wesentliche zu suchen, die Quelle des Lebens.

Leben im Unvergänglichen
ist Leben in der Freude, die nie vergeht.
Leben im Unvergänglichen
ist Leben in ewiger Gegenwart.
Leben aus der Mitte
ist ein Wandeln vor
und in dem Geheimnis,
egal wo wir sind und was wir tun.

Wie lange dauert der Weg zur Mitte?
Ein Jahr? Sieben Jahre? Ein Jahrzehnt? Ein ganzes Leben?
Wenn du die Mitte gefunden hast, bist du frei geworden.
Frei von dir selbst.
Du lebst jetzt aus dem Unvergänglichen.
In deiner Seele ist ein Feuer entzündet worden.
Es wird nie mehr erlöschen.
Du bist erleuchtet.

Praktische Anregungen zum Labyrinthbau

Begehbare Labyrinthe lassen sich leicht herstellen. Ein geeigneter Ort zur Errichtung eines Labyrinthes im Durchmesser von neun bis 16 Metern kann ein Feld sein, eine Lichtung im Wald, ein einsamer Strand, ein Schulhof oder ein Pfarrgarten. Nach einer Vorlage, etwa dem Sieben-Gänge-Labyrinth vom kretischen Typos oder nach einem eigenen Entwurf, wird hier das Labyrinth angefertigt.

Das Fußbodenlabyrinth kann mit weißer oder farbiger Kreide gezeichnet werden. Leicht herzustellen sind auch Labyrinthe aus Sägespänen. Ein dauerhaftes Labyrinth für Kinder können Eltern, Erzieherinnen und Lehrer auf Spielplätzen, in Kindergärten oder Grundschulen mit weißer Farbe ziehen.

Die Kräfte von Leben, Tod und Auferstehung werden nirgendwo so unmittelbar erfahren wie im Aufkeimen, Blühen und Vergehen der Pflanzenwelt. So bietet das Feldlabyrinth eine intensive Naturerfahrung. Die Wege im Feldlabyrinth werden durch Erdaushub erstellt. Die Wegbegrenzung sollte so breit sein, dass sie bepflanzt werden kann. Blumen, Kräuter und winterharte Stauden sollten in der Reihenfolge ihrer Blüte gepflanzt werden. Am Eingang des Feldlabyrinthes begrüßen den Labyrinthgänger also Christrose, Winterlinge und Schneeglöckchen, vor der Mitte stehen blaue Astern. So wandelt sich die Gestalt des Labyrinthes im Rhythmus der Jahreszeiten. Das Beschreiten lässt uns die Wachstumskräfte des Lebens erfahren. Im Werden und Vergehen der Blumen, Kräuter und Stauden betrachten wir den Rhythmus unseres Lebens von der Geburt über die Kindheit bis zur Reife, dem Alter und dem Tod.

Schon in den Märchen der Gebrüder Grimm findet sich eine Variante des Feldlabyrinthes aus Kieselsteinen: Als Hänsel und Gretel den Wald betreten, nehmen sie Brotkrümel mit, streuen sie unterwegs auf den Weg, damit sie später wieder nach Hause finden. Doch Vögel picken die Krümel auf. So wird aus dem Wald ein Irrgarten. Mit Kieselsteinen wäre das nicht passiert. Kieselsteine gibt es in allen Größen. Deshalb kann ein Labyrinth aus Kieseln sowohl im Freien als auch in einem Raum gelegt werden. Kiesel mit kleiner Körnung (18-30 mm) oder Ikebanasteine eignen sich auch gut, um auf dem Tisch kleine Labyrinthe zu legen. Gegenüber Feldsteinen haben Kiesel aufgrund ihrer glatten Oberfläche den Vorteil, dass sie beschriftet oder bemalt werden können.

Das Licht ist ein Symbol für Erkenntnis im weltlichen wie spirituellen Bereich. Wenn das Licht aufleuchtet, weicht die Dunkelheit. Das Licht des Glaubens erhellt dunkle Nächte. Mit Teelichtern lässt sich bequem ein Lichterlabyrinth legen.

Der meditative Weg ist jederzeit und an jedem Ort möglich. Was wir dazu brauchen, ist die Grundrisszeichnung eines Labyrinthes, die wir mit den Augen so lange durchschreiten, bis das Labyrinth zu einem inneren Bild in unserem Herzen geworden ist.

Hast du im Labyrinth die Mitte gefunden,
kehre ins Leben zurück und wurzele ein.

Literaturverzeichnis in Auswahl

Lauren Artress. Walking a sacred path. Rediscovering the labyrinth as a spiritual tool. Riverhead Books. New York 1995.

Lauren Artress. The Sand Labyrinth. Meditation at your Fingertips.

Janet Bord. Irrgärten und Labyrinthe. Dumont. Köln1976.

Adrian Fisher/Howard Loxton. Geheimnis des Labyrinthes. Ein interaktiver Führer zu den faszinierendsten Labyrinthen der Welt. AT. Aarau 1998.

Laurie Goodstein. Reviving Labyrinths. Paths to inner Peace. In: The New York Times, 10. Mai 1998, Seite 1 und 16.

Jürgen Hohmuth. Labyrinthe und Irrgärten. Frederking und Thaler. München 2003.

Michael Hornsby. World's biggest maze is next cash crop. In: The Times, 14. August 1997, Seite 7.

John et Odette Ketley-Laporte. Chartres: le labyrinthe déchiffré. Éditions Jean-Michel Garnier 1997.

Hermann Kern. Labyrinthe. Erscheinungsformen und Deutungen. 5000 Jahre Gegenwart eines Urbildes. Prestel. München 1982.

John Kraft. Die Göttin im Labyrinth. Spiele und Tänze im Zeichen eines matriarchalen Symbols. Edition Amalia. Bern 1997.

Sig Lonegren. Labyrinths. Ancient myths and modern uses. Gothic Image Publications. Glastonbury 1996 (2. Auflage).

Henry William Matthews. Mazes and labyrinths. Their history and development. London 1922.

Donna Schaper/Carole Ann Camp. Labyrinths from the outside in. Walking to spiritual insight a beginner's guide.

Rebecca Solnit. Wanderlust. A history of walking. Viking Penguin. New York 2000.

Melissa Gayle West. Exploring the labyrinth. A guide for healing and spiritual growth. Random House. New York 2000.

Uwe Wolff. Die Reise ins Labyrinth. Unterwegs zur eigenen Mitte. Herder. Freiburg 2001.

Ders.: Auf dem Weg zur Mitte – Das Labyrinth ist kein Irrgarten. In: Jürgen Hohmuth. Labyrinthe und Irrgärten. Frederking und Thaler. München 2003. S. 8-13.

Ders.: Welche Farbe hat die Himmelstür? Symbole der Weltreligionen für unsere Zeit gedeutet. Kreuz. Stuttgart 2003.

Verzeichnis der Bilder

Seite 21
Rasenlabyrinth auf der Insel Hönö bei Göteborg, Schweden (Entstehungszeit unbekannt)

Seite 23
Konstruktion eines Labyrinthes durch den Bauhistoriker Klaus Kürvers am Ufer des Strandbades Orankesee, Berlin (2002)

Seite 24
Geschnitzter Stuhl auf dem Alten Friedhof in Hausen am Albis, Schweiz

Seite 25
Nachbau eines Labyrinthes bei Val Camonica, Norditalien

Seite 27
Labyrinth auf dem Grund des Forellenteiches von Schloss Hellbrunn, Salzburg, Österreich (2001)

Seite 33
Marianne Ewaldt (Salzburg): Sieben-Gänge-Labyrinth, Objektkunst (2001)

Seite 34/35
Val Camonica, Norditalien. Felsritzung aus der Bronzezeit

Seite 37
11-Gänge-Labyrinth an dem ältesten Haus in Zürich - »Haus zum Labyrinth« (1550)

Seite 38
Trier

Seite 39
Kugellabyrinth von Marianne Ewaldt, Salzburg, Österreich

Seite 40/41
Der Bauhistoriker Klaus Kürvers beginnt mit der Konstruktion eines Labyrinthes am Strand des Orankesees, Berlin (2002)

Seite 44/45
Silbermünze aus Knossos, Staatliche Museen zu Berlin (350–325 v. Chr.)

Seite 46/47
Theseus erschlägt den Minotauros, Römisches Fußbodenmosaik, Freiburg, Schweiz (um 200 n. Chr.)

Seite 49
Römisches Fußbodenmosaik, Piadena, Italien (25–50 n. Chr.)

Seite 50
Silbermünze mit Minotaurosmotiv aus Knossos (um 440–400 v. Chr.), Staatliche Museen zu Berlin

Seite 53
Nachbau des kretischen Labyrinthes aus Plastikbesen von Olaf Nicolai auf der Wiese vor der Galerie für zeitgenössische Kunst in Leipzig (1998)

Seite 54
Römisches Mosaik bei Ausgrabungen in Orbe, Schweiz

Seite 58/59
»Feentanzplatz« auf einer Waldlichtung bei Ulmekärr, Västergötland, Schweden (Entstehungszeit unbekannt)

Seite 60
Labyrinth in Schöbendorf bei Berlin (2002)

Seite 62/63
»Trägenborg« in Ornunga, Västergötland, Schweden

Seite 65
Blumenlabyrinth im Park von Schloss Hellbrunn, Salzburg, Österreich, von Marianne Ewaldt (2001)

Seite 66
Detail der schwedischen Trägenborg bei Ornunga

Seite 67
Bath Festival Maze, England, 1984, Adrian Fisher

Seite 70/71
Ein neuer Irrgarten im Park von Leeds Castle, England (1988)

Seite 74/75
Rasenlabyrinth von Saffron Walden, England (1699)

Seite 76/77
Schwedenring in Steigra, Deutschland (17. Jahrhundert)

Seite 80/81
Fußbodenlabyrinth im Dom San Vitale, Ravenna , Italien (16. Jahrhundert)

Seite 82/83
Fußbodenlabyrinth in der Kathedrale von Amiens (seit dem 13. Jahrhundert immer wieder verändert)

Seite 84
Labyrinth am Kircheneingang des Domes San Marino von Lucca, Italien

Seite 87
Detail des Fußbodenlabyrinths in Amiens

Seite 88/89
Labyrinth von Chartres, nachgebaut vor der Autobahnkirche Himmelkron, Franken, Deutschland, an der A 9 (1998)

Seite 90
Grundfigur des Labyrinthes in der Kathedrale von Chartres, Frankreich

Seite 97
Vor der Autobahnkirche von Himmelkron, Franken, Deutschland

Seite 98/99
Labyrinth am Kircheneingang des Domes San Marino von Lucca, Italien

Seite 102
Nachbau eines Labyrinthes bei Val Camonica, Norditalien

Seite 103
Maislabyrinth in Schöbendorf bei Berlin (2002)

Seite 104/105
Ein Sonnenblumenlabyrinth in Holzgerlingen, wie es überall in Deutschland während der Sommermonate zu finden ist (2002)

Seite 107
»Archbishop's maze« im Garten von Greys Court bei Henley-on-Thames, England (1981)

Seite 109
Labyrinthplatz in Zürich, Schweiz (1996)

Seite 110/111
Irrgarten im Stadtpark von Marlow-on-Thames, England (2000)

Seite 114/115
Rekonstruktion von Dr. Klaus Kürvers

Bibliografische Information der Deutschen Bibliothek
Die Deutsche Bibliothek verzeichnet diese Publikation in der Deutschen Nationalbibliografie; detaillierte bibliografische Daten sind im Internet über http://dnb.ddb.de abrufbar

Kreuz Verlag GmbH & Co.KG Stuttgart
Verlagsgruppe Dornier
Postfach 80 06 69, 70506 Stuttgart

www.kreuzverlag.de
www.verlagsgruppe-dornier.de

Umschlaggestaltung: Bergmoser & Höller Agentur, Aachen
Umschlagbild: Jürgen Hohmuth
Satz: Anette Stickel
Druck: Mladinska knjiga tiskarna d.d.

ISBN 3-7831-2394-1